AF252662

# LE
# BONHEUR EN BOUTEILLE,

A-PROPOS SULFURIQUE EN UN ACTE,

## PAR M. MARC MICHEL;

REPRÉSENTÉ POUR LA PREMIÈRE FOIS, A PARIS, SUR LE THÉÂTRE DES FOLIES-DRAMATIQUES, LE 3 AVRIL 1847.

### Distribution :

| PERSONNAGES. | ACTEURS. | PERSONNAGES. | ACTEURS. |
|---|---|---|---|
| GANNIVET, employé............ | M. Lebailly. | BAPTISTIN, son neveu.......... | M. Rey. |
| SABATIER.................... | M. Coutard. | MADAME GANNIVET (36 ans).. | Mme Adam. |
| LE CAPITAINE PIFFARD, officier | | AGLAÉ, fille des Gannivet........ | Mme Lebailly. |
| retraité..................... | M. Dorlanges. | | |

*La scène est à Paris.*

---

Un salon. — Porte principale au fond, portes à droite et à gauche, au 2e plan ; au premier plan ; à gauche, une petite porte de service ; une fenêtre en face de celle-ci ; guéridon et fauteuil à gauche ; un canapé à droite.

## SCÈNE PREMIÈRE.

### AGLAÉ, puis BAPTISTIN.

AGLAÉ, *sortant de la chambre de droite et parlant à la cantonnade.* Oui, maman..... je vais demander à papa s'il est prêt...

*Elle traverse la scène en courant et va pour frapper à la porte de gauche.*

BAPTISTIN, *entr'ouvrant la porte de service, regardant rapidement en scène, et appelant à demi-voix.* Mademoiselle Aglaé!

AGLAÉ, *effrayée.* M. Baptistin!... que venez-vous faire ici?.... vous savez bien que mon papa revient de son bureau à quatre heures...

BAPTISTIN. M. Ganivet est rentré?....

AGLAÉ. Hé! sans doute... et il va venir... Allez... allez vous-en!...

BAPTISTIN. Oui, oui.... c'était seulement pour vous dire que j'ai parlé ce matin à ma mère... et au capitaine Piffard, mon oncle... de nos projets... de notre amour...

AGLAÉ, *le reprenant.* De notre?.... de votre amour, monsieur!...

BAPTISTIN. Bah! j'ai dit notre... c'est plus gentil!...

AGLAÉ. Enfin?...

BAPTISTIN. Mon oncle a voulu faire quelques objections sur mon âge... sur ma fortune ; mais je lui ai déclaré que s'il mettait des bâtons dans nos roues, je me brûlerais la cervelle...

AGLAÉ. Ciel!...

BAPTISTIN. C'est convenu... vous ou la mort!... Je suis comme ça... Et alors il m'a promis de descendre ce soir chez vos parents, comme pour leur faire une visite de voisinage...

GANNIVET, *de sa chambre.* Aglaé!

AGLAÉ, *vivement.* Voici mon père!...

BAPTISTIN. Bien! bon! je vais ici dessous au café, attendre le résultat... Vous ou la mort... je suis comme ça!

*Il se sauve par la petite porte de service.*

AGLAÉ, *seule.* Et nous qui allons sortir!...

~~~~~~~~~~~~~~~~~~~~~~~~~~~~~~~~~~~~~~~

## SCÈNE II.

### AGLAÉ, GANNIVET.

GANNIVET, *entrant.* Hein! quoi?.. qu'est-ce que c'est?... avec qui causes-tu ici?



1847
~~~~~~~~~~~~~~~~~~~~~~~~~~~~~~~~~~~~~~~

AGLAÉ, *troublée.* Moi ?.... mais..... mais avec toi, mon papa....

GANNIVET. C'est particulier.... Le fait est qu'ils pratiquent un tel bacchanal au billard ci-dessous... Qu'est-ce que tu me voulais?...

AGLAÉ. Je te demandais si tu étais prêt....

GANNIVET. Mais certainement, je le suis... et toi, et ta maman?

AGLAÉ. Elle s'habille!...

GANNIVET, *l'examinant.* Viens donc un peu... Ah ça, pourquoi ne t'a-t-elle pas fait mettre ta robe pistache?... je le lui avais recommandé... Va mettre ta robe pistache...

AGLAÉ. Mais où donc allons-nous?...

GANNIVET. Chez ta tante...

AGLAÉ. Comment! c'est pour aller chez ma tante que nous faisons des toilettes si extraordinaires?... Pour passer la soirée avec quatre ou cinq vieilles dames et autant de vieux messieurs, à jouer au loto, ou au jeu de l'oie?...

GANNIVET. Nous devons y rencontrer aujourd'hui quelque chose de moins renouvelé des Grecs...

AGLAÉ, *curieusement.* Ah! quoi donc?...

GANNIVET. Quelque chose comme un jeune homme charmant, fortuné et célibataire, qui arrive d'un voyage à Londres...

AGLAÉ. Le fils de monsieur Giraumont?...

GANNIVET. C'est toi qui l'as nommé...

AGLAÉ. Mais nous ne le connaissons pas, ce monsieur...

GANNIVET. C'est justement pour ça..... il grille, dit son père... il grille de faire notre... et particulièrement, ta connaissance... Là!... devines-tu, à présent?...

AGLAÉ, *troublée.* Ah mon Dieu!... est-ce qu'il s'agirait?...

GANNIVET. Il s'en agit.... c'est toi qui as trouvé le mot.... il s'en agit.... ainsi tu vois que pour une pareille entrevue, tu ne saurais trop mettre ta...

AGLAÉ. Mais, papa..... je t'assure qu'il va pleuvoir...

GANNIVET. Nous prendrons des parapluies...

AGLAÉ. Il fera de la boue...

GANNIVET. Nous prendrons un fiacre...

AGLAÉ. Mais, mon papa..

GANNIVET, *en colère.* Ah ça! mais, c'est unique! c'est inouï!... Depuis que le monde est monde on n'a jamais vu une petite fille faire tant de simagrées pour mettre une robe pistache... c'est révoltant...

AGLAÉ, *effrayée.* Eh bien, non..... ne te fâche pas...

GANNIVET, *se calmant.* A la bonne heure... allons, va trouver ta mère.... et dis-lui de te mettre cette robe en question...

*Il la baise au front.*

AGLAÉ, *soupirant, à part.* Que dira ce pauvre M. Baptistin... quand il saura...

AIR : *Adieu, ma chère.* (Chanteuse des rues.)
GANNIVET.

Sois bonne fille,
Fais-toi gentille,
Va te parer
Pour te faire admirer.
Dans ta toilette
Sois bien coquette;
C'est très-permis
Pour charmer des maris.

AGLAÉ.

Il faut qu'on brille!
Qu'on soit gentille,
Et se parer
Pour se faire admirer.
Dans sa toilette
Être coquette...
Mais quel ennui
Quand on hait le mari!

*Elle rentre dans la chambre à droite.*

## SCÈNE III.

### GANNIVET, *seul.*
On entend du bruit au-dessous.

Bien! très-bien! le vacarme recommence ici-dessous.... Ils se querellent pour un bloqué ou un carambolage... Et ce train-là dure depuis huit heures du matin jusqu'à minuit... et même passé minuit.... Sans parler de ce capitaine Piffard... (*il indique l'étage supérieur*) qui toute la journée fait des armes au-dessus de ma tête avec son fils, son neveu, je ne sais quoi... (*Il se fend et frappe du pied, comme quand on fait des armes.*) Pan! pan! pan! pan! Et l'on appelle cela un domicile!... Madame Gannivet dira ce qu'elle voudra, je vais écrire au propriétaire pour lui signifier mon congé... (*Il s'asseoit près du guéridon et se dispose à écrire.*) D'autant que si nous marions Aglaé avec ce Giraumont fils, il nous faudra un appartement plus spacieux... (*Il écrit.*) « Monsieur... »

## SCÈNE IV.

### GANNIVET, SABATIER.

SABATIER, *entrant par le fond, et parlant à la cantonnade.* Je vous trouverai là-haut?... Bien! je m'arrête un instant chez mon ami Gannivet, et je monte chez vous...

GANNIVET. Tiens! c'est Sabatier.... le doyen et le plus braque de tous les commis-voyageurs... Bonjour, Sabatier...

SABATIER. Bonjour... ça va bien?...

GANNIVET. Tu arrives d'une de tes tournées départementales?.... As-tu placé beaucoup de quinine et de graine de moutarde?

SABATIER. Du tout... je suis à Paris depuis un mois...

GANNIVET. Et tu n'es pas venu nous voir?...

SABATIER. Une grande affaire... Je vais te conter ça... mais d'abord, est-on heureux ici?.... Comment se porte-t-on?.... toi, ta femme, et ma gentille filleule Aglaé?...

GANNIVET. Très-bien, mon ami, très-bien...

SABATIER. Très-bien?.., tant pis...

GANNIVET. Hein!...

SABATIER. Comment! pas un petit chagrin?... pas une pauvre migraine.... pas un mal de dents?

GANNIVET. Non, Dieu merci....

SABATIER. Tant pis!

GANNIVET. Comment, tant pis!...

SABATIER. Oui, je vous aurais consolés et guéris à la minute...

GANNIVET. Ah bah! est-ce que tu t'es fait médecin?...

SABATIER. Non, mieux que cela.... je fais la place... pour mon propre compte...

GANNIVET. Ah! et qu'est-ce que tu vends...

SABATIER, *tirant un grand flacon de la poche de son paletot.* Du bonheur en flacon... à raison de 7 fr. 50... Je débite des ravissements... des extases... des consolations... à des prix modérés...

GANNIVET, *à lui-même.* J'étais sûr que ça finirait par là... il est devenu tout à fait fou... ( *Haut.* ) Tu permets que j'achève cette lettre....

SABATIER. Tu ne me crois pas?...

GANNIVET. Si! si! va toujours..... je t'écoute... ( *Il écrit.* ) « Monsieur, votre maison n'est pas habitable... »

SABATIER. Ah ça, tu n'as donc pas lu dans les journaux...

GANNIVET. D'abord, je ne lis pas les journaux.

SABATIER. Tu as tort, mon cher, tu as tort!... tu n'es pas au courant... une récente découverte faite aux États-Unis par le docteur Jackson.... c'est admirable, mon ami, c'est prodigieux!... au moyen de ces flacons que j'ai fait fabriquer exprès et que je vends 7 fr. 50, les souffrances humaines sont anéanties, les chagrins disparaissent comme par enchantement... et notre pauvre globe, si justement nommé depuis cinq mille ans une vallée de larmes... va devenir un Eden, une oasis, une réalisation du paradis terrestre!...

GANNIVET, *s'interrompant.* Et qu'est-ce qu'il y a dans tes flacons?...

SABATIER. Voilà le prodigieux! quelques simples gouttes d'éther sulfurique...

GANNIVET, *haussant les épaules.* Bien! bon! va toujours.... ( *Il se remet à écrire.* ) « C'est donc pourquoi, monsieur... »

SABATIER. C'est le bonheur mis en bouteille... à la portée de tout le monde... et de toutes les bourses.... il faut n'avoir pas 7 fr. 50 dans sa poche pour se priver de ce véritable et incomparable talisman!

Air : On dit que je suis sans malice.

Grâce au bien-être qu'il procure,
Chacun sera, la chose est sûre,
Enchanté d'être désolé
Pour pouvoir être consolé!
Les seul's personnes malheureuses
S'ront donc heureus's d' n'êtr' pas heureuses!
Et les heureux s'ront malheureux
De n'avoir pas à s' rendre heureux!

Est-ce clair?

GANNIVET. Quel diable de galimatias me fait-il?

SABATIER. Exemple : — Tu perds ta place au bureau des hypothèques...

GANNIVET. Hein!...

SABATIER. C'est une supposition...... Ta femme te fait...

GANNIVET. Plaît-il?...

SABATIER. C'est une supposition! — Enfin tu es désolé, désespéré... tu es sur le point de te jeter à l'eau.... ou de te brûler la cervelle... un autre s'affligerait... pas du tout... Tu es le plus heureux des hommes..... — Tu n'as que cela à faire..... Tu prends mon flacon d'une main, de l'autre tu te serres le nez, tu aspires par ce goulot pendant une minute et demie.... et tout à coup tu t'épanouis, tu nages dans un lac de délices..... chacun de tes cheveux vibre comme une lyre, comme une guitare... avec une musique ravissante.

GANNIVET. Impossible d'écrire avec ce gaillard-là...

SABATIER, *continuant.* Tu ne sens plus tes vêtements... tu ne sens plus la chaise.... on te pincerait... on te rouerait de coups... on te planterait des clous dans les jambes, tu ne le sentirais pas... Tiens! essaye...

GANNIVET, *se levant effrayé.* Je ne veux pas qu'on me plante des clous...

SABATIER, *insistant.* Non, respire ça...

GANNIVET. Vas-tu me laisser tranquille avec tes drogues?...

SABATIER. Mais c'est divin!.. on en a fait des expériences à New-York, à Londres, à Paris... avec le plus grand succès... et moi-même, je l'ai expérimenté sur moi... sur ma portière... sur son chat... à qui j'ai coupé la queue sans qu'il ait seulement miaulé...

GANNIVET. Pauvre bête!...

SABATIER.

Air :

C'est divin! ça tient du prodige!
Et la vente de mes flacons
Va monter à mille... que dis-je!
Nous passerons les millions!

Je vois ma fortune certaine
Tout en faisant... c'est un beau cas...
Le bonheur de l'espèce humaine...

GANNIVET.

Et le malheur de tous les chats !

SABATIER. Allons ! tu vas m'acheter trois flacons... un pour toi, un pour ta femme, un pour ta fille...

GANNIVET. Compte là-dessus...

SABATIER. Comment ! tu ne m'étrenneras pas... toi, mon ami, toi, mon plus vieil ami ?...

GANNIVET. Je n'ai pas de chagrin...

SABATIER. Mais tu peux en avoir.... ta femme... est encore très-bien...

GANIVET. Sabatier...

SABATIER. Qu'est-ce qu'elle a ? trente-huit ans !... Hé ! hé !... de son vivant à cet âge-là... madame Sabatier me faisait encore des choses... très-pénibles...

GANNIVET. Ah ! voilà qui est fort !...

SABATIER. Enfin... écoute donc... tu t'absentes tous les jours pour ton bureau..... tu as des voisins... en bas... des jeunes gens... là-haut un capitaine retraité... avec sa sœur et son neveu...

GANNIVET. Ah ! oui ! le capitaine Frac esse...

Il fait le geste de s'escrimer.

SABATIER. Il est fort vert... et tiens, l'autre soir au café, il me parlait de ta femme... il la trouve charmante... l'air très-aimable...

GANNIVET. Par exemple ! et de quel droit ?...

SABATIER. Enfin tu vois.... tu es exposé, très-exposé à te réveiller un de ces quatre matins... très à plaindre..... et par précaution tu ne peux te dispenser de m'acheter un de mes flacons consolateurs...

GANNIVET, éclatant. Ah !.. voilà le mot !.. voilà le mot.... c'est pour me colloquer une de tes fioles... que tu viens me farcir la tête d'idées saugrenues... mais c'est odieux cette manière de faire l'article !.... c'est horriblement indélicat !.. Remporte-moi tes bocaux... je ne t'en achèterai pas...

SABATIER, remettant son flacon dans sa poche. Gannivet... veux-tu que je te dise mon opinion sur toi... Tu n'es qu'un vieux cancre !...

GANNIVET. Hein !...

SABATIER. Mais rappelle-toi ce que je te prédis... tu y reviendras. (A part.) Il faut qu'il y revienne.

GANNIVET. Jamais !...

SABATIER, à part. C'est ce que nous verrons. (Haut.) Sans adieu... Je vais faire ma tournée dans la maison... je connais presque tous les locataires.... et je redescends saluer ta femme et embrasser Aglaé...

GANNIVET. Tu ne nous trouveras pas.....

nous allons chez ma belle-sœur qui doit nous présenter un Giraumont fils.... un prétendu pour Aglaé...

SABATIER. Eh bien ! je t'attends à ton premier chagrin... tu sais mon adresse... Jean-François Sabatier, 22, rue des Audriettes... écrire franco...

Il sort.

GANNIVET, seul. Je consens à ce que le diable m'emporte... si jamais...

SABATIER, reparaissant. Ecrire franco...

## SCÈNE V.

GANNIVET, puis M^me GANNIVET et AGLAÉ.

GANNIVET, criant. Sabatier ! tu m'exaspères !...

Air du Premier prix.

Animal ! il m'a troublé l'âme
Avec sa fiole et ses cancans...
Ce militaire sur ma femme
Aurait-il des projets vexants ?
Non ! notre armée est trop honnête !
Et jamais ses braves guerriers
Ne voudraient placer sur ma tête
Autre chose que des lauriers !

Sabatier n'a dit ça que pour faire l'article... c'est égal, raison de plus pour quitter au plus tôt ce désagréable domicile... et pour adresser sans retard ce protocole à monsieur mon propriétaire... (Il prend sa lettre et la relit.) « Monsieur... votre maison n'est pas habitable pour des gens amis du repos..... Il faut n'avoir pas 7 fr. 50 dans sa poche pour se priver de demeurer entre un billard et un capitaine.... » (Etonné.) Hein.... (Il continue de lire.) « Tu ne sens pas ta chaise..... on te planterait des clous... » (S'interrompant.) Mais c'est absurde !... ce sont toutes les calembredaines de cet affreux Sabatier que j'adresse à mon propriétaire... C'est absurde ! il n'y comprendra rien... C'est une lettre à recommencer entièrement. (Il froisse sa lettre et s'assied pour en écrire une autre.) « Monsieur, je vous déclare qu'à dater du terme prochain... »

Il écrit. M^me Gannivet et Aglaé sortent de la chambre.

AGLAÉ, à demi-voix, à sa mère. Mais, maman, je te dis que le capitaine et sa sœur doivent nous faire une visite...

M^me GANNIVET. Et à quel propos ?...

AGLAÉ. Je ne sais pas...

M^me GANNIVET. Eh bien !... ils reviendront... Mais qui te l'a dit ?...

GANNIVET, les apercevant. Ah ! vous voilà... je suis à vous. (A lui-même, regar-

*dant sa femme.*) Bon !... je m'y attendais... une toilette foudroyante...

M^me GANNIVET. Qu'as-tu donc à me regarder comme ça ?...

GANNIVET. Rien ! rien ! (*A sa fille.*) Ah ! tu as mis ta robe pistache... à la bonne heure...

AGLAÉ. Oh ! papa ! c'était bien la peine...

GANNIVET. Certainement, tu es beaucoup mieux... (*A sa femme.*) Ah ! tu ne sais pas... j'ai eu la visite de cet écervelé de Sabatier.

M^me GANNIVET. Ah ! — Mais à qui écris-tu là ?...

GANNIVET. A monsieur Durand, pour lui donner congé...

M^me GANNIVET. Congé ! mais du tout, monsieur, ce logement nous convient... il n'est pas cher... très-bien distribué... très-commode...

AGLAÉ, *à part, regardant la porte de service.* Ah ! oui... c'est si commode...

GANNIVET. Commode ?... c'est justement pour ça, madame... et sans plus tarder, je vais cacheter et envoyer cette missive... (*Il relit.*) « Monsieur, je vous déclare qu'à dater du terme prochain vous pouvez me rayer du nombre de vos locataires... Le logement que nous occupons chez vous... *nous convient... il n'est pas cher... très-bien distribué... très-commode...* (*Jetant un cri d'étonnement.*) Ah !... j'ai encore écrit toute notre conversation.

M^me GANNIVET *et* AGLAÉ, *éclatant de rire.* Ah ! ah ! ah !

GANNIVET. C'est inimaginable !...

M^me GANNIVET, *riant.* Cela vous apprendra à vouloir me contrarier...

GANNIVET. Mais je recommencerai...

M^me GANNIVET. C'est cela... l'année prochaine... En attendant, fermez la porte de l'escalier de service, et partons...

AGLAÉ, *à part.* Si l'oncle de monsieur Baptistin pouvait arriver !...

GANNIVET, *à part.* Pourquoi diable tient-elle tant à ce logement?

M^me GANNIVET. Mais, mon Dieu, dépêchez-vous donc !...

Au moment où il va pour fermer la petite porte, le Capitaine paraît au fond.

## SCÈNE VI.

### LES MÊMES, LE CAPITAINE.

LE CAPITAINE, *d'un ton très-poli et très-doux.* J'ai l'honneur de présenter mes hommages à madame, à mademoiselle... et le bonjour à M. Gannivet...

AGLAÉ, *à part, saluant.* Ah ! enfin...

M^me GANNIVET. Monsieur le capitaine...

GANNIVET, *saluant avec méfiance.* Monsieur Piffard... notre voisin... (*A part.*) Qu'est-ce qu'il peut nous vouloir ?...

AGLAÉ, *bas à sa mère.* Je te disais bien...

LE CAPITAINE. Ma visite est peut-être importune et intempestive... vous alliez sortir...

GANNIVET. Comme vous voyez, capitaine... Un dîner de famille... chez ma belle sœur.

LE CAPITAINE. Je ne vous dérangerai pas... je n'ai que quatre petits mots à vous dire en particulier... Si cette aimable demoiselle veut bien le permettre...

AGLAÉ. Oh ! très-volontiers, capitaine...

M^me GANNIVET. Nous vous laissons...

LE CAPITAINE, Madame m'obligera en assistant à cette courte conférence...

GANNIVET, *à part.* Que diable nous veut-il ?...

AGLAÉ, *qui s'est arrêtée au fond, à part.* Il était temps !... M. Giraumont, vous serez arrivé trop tard...

GANNIVET. Allons donc, Aglaé.

AGLAÉ. Oui, papa, oui, papa... (*Elle fait la révérence.*) Capitaine...

Elle entre dans la chambre à droite.

## SCÈNE VII.

### GANNIVET, LE CAPITAINE, M^me GANNIVET.

LE CAPITAINE. Charmante enfant !... (*Avec galanterie.*) Bien digne de sa charmante mère... que l'on prendrait aisément pour sa sœur...

M^me GANNIVET, *minaudant.* Ah ! capitaine... les officiers français ont l'habitude reconnue de flatter les dames...

LE CAPITAINE. Moi, madame, j'ai pris ma retraite.

M^me GANNIVET. Du service... mais non de la galanterie...

LE CAPITAINE, *gracieusement.* Très-spirituel ! très-spirituel !...

GANNIVET, *à part.* Ah ça, mais, je joue-là un rôle très-ridicule... il conte des sornettes à ma femme... (*Haut, vivement.*) Capitaine... pardon... ma belle-sœur nous attend... et j'attends moi-même les quatre mots...

LE CAPITAINE. C'est juste, monsieur Gannivet... parfaitement juste... (*A part, l'examinant.*) Cela m'étonne... il est fort laid... Pourtant, les révélations que l'on vient de me faire sont précises. (*Haut.*) Monsieur...

GANNIVET, *écoutant d'un air aimable.*
Capitaine?...

LE CAPITAINE, *à madame Gannivet.*
Désolé, charmante dame, du chagrin que
je vais vous causer... mais dans l'intérêt
de tous, j'ai jugé nécessaire que vous fussiez
instruite de ce qui se passe...

GANNIVET, *curieusement.* Il se passe
quelque chose?

Mme GANNIVET. Mais, mon Dieu, vous
m'effrayez!...

LE CAPITAINE. Je ne sais pas, monsieur,
si vous savez que j'occupe depuis trois mois
l'appartement au-dessus du vôtre.

GANNIVET, *avec intention.* Je m'en suis
aperçu...

*Il frappe du pied et se fend.*

LE CAPITAINE. Qu'est-ce que c'est?...

GANNIVET. Rien.

LE CAPITAINE. Je ne sais pas si vous
savez que j'ai auprès de moi ma sœur,
femme du major Montgobin, mon camarade
et mon ami, actuellement en Afrique... et
leur fils... mon neveu Baptistin Montgobin...

GANNIVET, *à part.* Ah! oui, celui avec
qui...

*Il se fend et frappe du pied.*

LE CAPITAINE. Plaît-il?...

GANNIVET. Je suis votre récit avec le plus
vif intérêt... (*A part.*) Ah ça, mais, il a déjà
dit plus de quatre mots.

LE CAPITAINE. Monsieur, je suis venu ici
avec les intentions les plus pacifiques... et
dans le seul but de vous donner l'avis suivant:— Ma sœur, qui a exercé dans sa jeu-
nesse le commerce de la plumasserie... a
peut-être conservé de son ancienne pro-
fession quelque légèreté... quelque futilité de
caractère... néanmoins je la crois incapable...

GANNIVET. Ah! capitaine... certainement...

LE CAPITAINE. Ne m'interrompez pas...
Mais j'ai juré à mon beau-frère et ami Montgobin de veiller sur sa femme en son absence
et de casser les os à quiconque attenterait...
ou tenterait d'attenter à son honneur con-
jugal...

GANNIVET. C'est très-bien vu...

Mme GANNIVET, *à part.* Quel soupçon!...

GANNIVET. Voilà ce que j'appelle un beau-
frère précieux! (*Changeant de ton.*) Mais
pardon... je le suis aussi, beau-frère...
ma belle-sœur nous attend... vous viendrez
nous conter le reste demain...

*Il fait un mouvement pour aller prendre son chapeau.*

LE CAPITAINE, *le retenant.* Permettez...

GANNIVET, *étonné, à part.* Ah ça,
mais!...

Mme GANNIVET, *très-agitée.* Parlez, capitaine... expliquez-vous... j'entrevois des
choses...

GANNIVET, *étonné.* Tu entrevois des
choses?...

LE CAPITAINE. Désespéré pour vous, belle
dame, croyez-le bien!... — (*A Gannivet.*)
Ainsi, monsieur, vous m'approuvez?...

GANNIVET. C'est pour avoir mon opinion
que vous êtes descendu?... Je vous l'ai déjà
dit... vous êtes précieux comme beau-frère...
— Cassez des os, capitaine, cassez des os...

*Il va encore pour prendre son chapeau.*

LE CAPITAINE, *le retenant.* Vous ne trou-
verez donc pas mauvais, monsieur Gannivet,
que je vous casse les vôtres...

GANNIVET. Hein!...

LE CAPITAINE. La première fois que vous
vous permettrez de faire à ma sœur des visites clandestines...

GANNIVET. Moi!...

LE CAPITAINE. Le soir, tandis que je fais
au café ci-dessous ma partie de piquet...

GANNIVET, *criant.* Capitaine Piffard!...

LE CAPITAINE. Ne crions pas, monsieur!

Mme GANNIVET. Quelle indignité!

GANNIVET. Comment! tu crois...

Mme GANNIVET. Il me disait qu'il allait au
cercle...

LE CAPITAINE. Il n'y allait pas, madame...

GANNIVET. Je n'y allais pas!...

Mme GANNIVET. Je m'en doutais!

GANNIVET. Mais il n'y a pas un mot de
vrai!... mais je proteste...

LE CAPITAINE. Vous niez, monsieur!...

GANNIVET. De toutes mes forces...

LE CAPITAINE. Mme Montgobin a nié aussi...
mais cela ne prouve rien...

GANNIVET. Capitaine Piffard!...

Mme GANNIVET. Taisez-vous, monsieur!...
Ayez au moins la pudeur du silence...

GANNIVET, *ébahi.* Comment!!!

LE CAPITAINE. Il suffit, monsieur... Je
dois vous dire en partant que votre conduite
déplacée rompt les dispositions amicales...
dans lesquelles j'étais à votre égard...

AGLAÉ, *entr'ouvrant la porte, à part.* On
dirait qu'ils disputent... Est-ce que mon
père refuserait?...

LE CAPITAINE. Et que je renonce pour
jamais à certaine alliance que j'avais projetée
entre votre aimable fille et mon neveu Baptistin...

AGLAÉ, *à part.* Ciel!...

GANNIVET. Votre neveu Baptistin!... mais
je n'en veux... mais je le repousse ainsi que
tous les Piffard... et tous les Montgobin...

LE CAPITAINE. Ne crions pas!

AIR *de la Cuisinière mariée.* (Entrée des invités.)

Cher monsieur Gannivet,

Point de bruit, s'il vous plaît,
Et dans votre intérêt,
Renoncez au projet
Téméraire, indiscret,
Que votre cœur formait.

LE CAPITAINE.

GANNIVET.

Ah! morbleu! c'est trop fort!

LE CAPITAINE.

Allons! calmez ce transport...
Vous savez notre accord ;
Si je vous rencontre encor
Au-dessus du premier,
Là-haut sur mon pallier...
Je vous casse... et vous flanqu' par l'escalier!

(*Parlé, d'un air très-aimable*). Madame,
je vous réitère mes sincères désolations.

REPRISE ENSEMBLE.

LE CAPITAINE.

Cher monsieur, etc.

GANNIVET.

Quoi! venir sans objet,
Quoi! venir sans sujet
M'insulter comme il fait...
Ah! dans votre intérêt,
Décampez, s'il vous plaît,
Ou craignez de mon courroux l'effet.

M^me GANNIVET.

Me trahir sans regret,
Me trahir comme il fait...
C'est affreux en effet!...
Si mon cœur le voulait,
Sans scrupule il pourrait
Se venger de cet horrible trait!

*Le Capitaine sort par le fond.*

## SCÈNE VIII.

GANNIVET, M^me GANNIVET, *puis* AGLAÉ.

GANNIVET. Je n'en reviens pas... je reste imbécile!... — Et c'est pour conserver un pareil voisinage que tu tiens à ce logement!...

M^me GANNIVET. Ce qui m'étonne c'est que vous vouliez le quitter...

GANNIVET. Ne me fais pas sortir des gonds, Angélique... ne m'en fais pas sortir!... — Tout ceci cache un mystère qu'il ne s'agit que de percer pour le pénétrer... car je suis innocent de la Montgobin comme le moineau qui vient de naître... (*Criant tout à coup.*) Il est percé!...

M^me GANNIVET, *sursautant.* Hein?...

GANNIVET. Le mystère!... (*A part.*) Oui! ces flagorneries du sieur Piffard... les demi-mots de Sabatier... (*Haut, croisant les bras.*) Il est percé! Ce soldat gradé n'a inventé cette ruse ingénieuse, cette absurde querelle, que pour avoir l'occasion de venir vous débiter des douceurs... à ma propre barbe... il aura trouvé ça piquant...

M^me GANNIVET. Gannivet, vous n'êtes qu'un... (*Voyant entrer Aglaé.*) Taisez-vous... voici votre fille...

AGLAÉ, *entrant.* Mon Dieu! qu'y a-t-il donc? qu'a pu vous dire le capitaine?...

GANNIVET, *la prenant par le bras.* Arrivez ici, ma fille... (*A lui-même.*) Et dire qu'il a eu l'audace de me parler de projets d'alliance! (*A Aglaé.*) Connais-tu le neveu de ce fantassin?...

AGLAÉ, *troublée.* Moi! papa!...

GANNIVET. Tu ne le connais pas?... eh bien, je te défends de faire sa connaissance... (*A sa femme.*) Allons, madame, votre sœur nous attend... ainsi que les Giraumont... Nous reprendrons cet entretien à notre retour... mais dussions-nous arriver après le potage... et même après le rôti... dont je suis très-friand... je vous déclare que je ne sortirai pas sans avoir rédigé ce congé... et sans avoir pris ma canne...

Il entre dans sa chambre.

## SCÈNE IX.

M^me GANNIVET, AGLAÉ, *puis* SABATIER.

AGLAÉ. Comme il est en colère!...

M^me GANNIVET. Ah! je ne sais si je pourrai aller jusque chez ta tante...

AGLAÉ, *vivement.* Eh bien, maman, n'y allons pas...

M^me GANNIVET. J'ai les nerfs dans un état!...

SABATIER, *entrant.* Les nerfs!... qui est-ce qui a mal aux nerfs?... vous, madame Gannivet...

M^me GANNIVET. M. Sabatier!...

AGLAÉ. Mon parrain!

SABATIER. Vous avez mal aux nerfs?...

M^me GANNIVET. Ce n'est rien.

SABATIER. Qu'y a-t-il! que se passe-t-il?... (*A part.*) Je m'en doute! (*Haut.*) De l'orage dans le ménage!... Où est Gannivet?...

M^me GANNIVET, *à demi-voix.* Gannivet est un homme abominable...

SABATIER. Il a fait une scène?...

M^me GANNIVET. Ne m'interrogez pas, mon cher monsieur Sabatier... Je ne puis devant cette enfant!...

SABATIER, *tirant son flacon.* Respirez ça!...

M^me GANNIVET. Non, merci! Je n'ai besoin que de repos... de solitude... excusez-moi... Ah! monsieur Gannivet!... monsieur Gannivet...

Elle entre dans sa chambre.

## SCÈNE X.

### AGLAÉ SABATIER.

SABATIER, *la suivant*. Prenez mon... — Elle refuse !... c'est égal !... l'affaire est lancée... ils y viendront !...

AGLAÉ, *avec un soupir*. Ah! mon parrain.

SABATIER, *se retournant*. Quoi !... quoi donc ?... toi aussi... tu as des chagrins !... — Respire ça...

AGLAÉ. Non; mais écoutez-moi...

SABATIER, *à part*. Ah ça, personne ne veut donc respirer !...

AGLAÉ. Il faut que vous me rendiez un service, un grand service... Vous connaissez le neveu du capitaine ?...

SABATIER. Baptistin Montgobin! un charmant garçon — qui me gagne toujours au billard... — Ah bah !... est-ce que tu...?

AGLAÉ. Allez le trouver... dites-lui de ne plus revenir ici...

SABATIER. Il venait donc... (*A part.*) Ah! mais alors... j'ai fait ici un grabuge plus grand que je ne l'espérais...

AGLAÉ. Allez, mon parrain... (*Voyant entrer Baptistin.*) Ciel !...

SABATIER, *se retournant*. Ah! ah !... c'est lui !...

## SCÈNE XI.

### LES MÊMES, BAPTISTIN.

BAPTISTIN, *entrant par la porte de gauche, d'un air égaré*. Mademoiselle !...

SABATIER. Jeune homme... vous ne m'aviez pas dit...

BAPTISTIN, *l'apercevant*. M. Sabatier... — Oh vous êtes l'ami de mon oncle... ne nous trahissez pas... il y va de mon bonheur... de ma vie... — Mademoiselle...

AGLAÉ.

AIR :

Partez, monsieur, partez de grâce,
Il faut renoncer à nous voir !

BAPTISTIN.

Oh! ciel! quelle affreuse disgrâce
Vient ainsi briser notre espoir !
Mais de cette douleur cruelle
Nommez-moi la cause ou l'auteur...
Je veux !...

SABATIER, *à part*.

Viens donc chercher querelle
A mon flacon consolateur.

AGLAÉ, *très-émue*. Adieu, monsieur... — Oh! mon parrain... empêchez-le de se faire du mal...

*Elle entre dans la chambre de sa mère.*

## SCÈNE XII.

### BAPTISTIN, SABATIER.

BAPTISTIN, *la suivant jusqu'à la porte*. Mademoiselle !...

SABATIER, *à part*. Un amoureux désespéré... voilà mon affaire...

BAPTISTIN. Partir !... renoncer à elle... Oh! j'en mourrai, monsieur, j'en mourrai...

SABATIER. Jeune homme... voyons donc, jeune homme... (*A part.*) Très-bien !...

BAPTISTIN. Mais non, tout espoir n'est pas perdu... Vous parlerez pour moi... vous obtiendrez...

SABATIER. Respirez ça, jeune homme, respirez-moi ça...

BAPTISTIN, *écartant le flacon*. Oh! malgré la colère de son père... je resterai... Je veux savoir de lui...

SABATIER. Quoi donc, infortuné Montgobin !... la confirmation de votre malheur ?... qu'on va marier Aglaé?

BAPTISTIN. La marier !...

SABATIER. Avec un Giraumont protégé par sa tante...

BAPTISTIN. Ah ! voilà le dernier coup... Je n'y survivrai pas !...

SABATIER. Montgobin !...

BAPTISTIN. Mais je l'aime, monsieur... et j'ai juré que si je n'obtenais sa main, je me brûlerais la cervelle...

SABATIER. Par exemple !... (*A part.*) C'est parfait! (*Haut.*) Par exemple !

BAPTISTIN. Et je tiendrai mon serment... Je vais à l'instant même... en présence de mon oncle...

SABATIER, *le retenant*. Arrêtez !...

BAPTISTIN. Laissez-moi !... Laissez-moi !...

SABATIER, *le retenant*.

AIR :

Jeune insensé! tu n'iras pas !... arrête !...
(*A part.*)
Quel désespoir admirable et profond!
BAPTISTIN, *voulant se dégager*.
Oh! quand j'ai mis un projet dans ma tête !...
SABATIER.
Vous n'y mettrez ni du fer ni du plomb...
J'ai mieux que ça dans ce simple flacon...
BAPTISTIN, *se débattant*.
Non! laissez-moi! De celle qui m'est chère
On me sépare... et moi, je veux cesser
De respirer...
SABATIER, *lui mettant son flacon sous le nez*.
Mais du tout... au contraire !
Mon cher ami, vous allez commencer ! (*Bis.*)

*Il lui tient par force son flacon sous le nez.*

BAPTISTIN. Je vous dis que je veux me... (*S'affaiblissant.*) Oh! c'est... c'est éton-

nant... les forces m'abandonnent... Ah!...
quel bien-être j'éprouve!... quel bonheur!...
que je suis heureux!...

Il s'affaisse dans les bras de Sabatier.

SABATIER. En voilà toujours un!... (*Il le
dépose sur un fauteuil.*) Hein!... est-il consolé!... est-il rayonnant!... Et maintenant, mon
gaillard, tue-toi si tu l'oses... Je cours chercher son oncle pour le colporter dans sa
chambre et le garder à vue... (*Se retournant
à la porte et avec admiration.*) Hein!...
est-il content!... l'est-il!... l'est-il!!!

Il sort.

## SCÈNE XIII.

BAPTISTIN, *puis* GANNIVET, *puis*
MADAME GANNIVET *et* AGLAÉ.

Musique douce à l'orchestre. Les traits de Baptistin
expriment le ravissement le plus complet.

GANNIVET *sort de sa chambre sans voir
d'abord Baptistin; il a sa canne sous le bras
et tient une lettre à la main.* Je suis enfin
parvenu à rédiger sans fautes ce manifeste
diplomatique... non sans l'avoir recommencé
cinq fois... (*Il lit.*) « Monsieur, je vous
donne congé.... Je vous prie, monsieur,
d'agréer l'assurance de la parfaite considération avec laquelle... » Ah! j'ai oublié une
virgule.... (*Il prend la plume sur le guéridon et s'assied sur le fauteuil où est Baptistin; il se lève aussitôt et l'aperçoit.*) Ah!
qu'est-ce que c'est que ça?... Ah! mon Dieu!
qu'est-ce que c'est que ça?... Un monsieur...
endormi... chez moi... dans mon fauteuil...
(*Appelant.*) Ma femme!... ma fille!... ma
femme!.... (*Madame Gannivet et Aglaé
entrent par la droite. A sa femme qui
entre.*) Qu'est-ce que c'est que ça, madame?...

M<sup>me</sup> GANNIVET, *étonnée.* Un monsieur?...

GANNIVET. Qui dort, madame... que je
trouve sommeillant dans les bras de mon fauteuil!

AGLAÉ, *qui s'est approchée.* Ciel!... monsieur Baptistin!!!

M<sup>me</sup> GANNIVET. Le neveu du capitaine!...

GANNIVET. Le neveu de cet exécrable
troupier!... et il ose... il vient se permettre...

Il lève sa canne sur Baptistin.

AGLAÉ, *l'arrêtant.* Ah! mon papa!... il
est peut-être indisposé... évanoui!...

GANNIVET. indisposé?... mais du tout...
(*Le regardant.*) il dort paisiblement... il a
l'air très-gai... on dirait qu'il rêve à des choses
très-agréables!...

BAPTISTIN, *radieux.* Ah! je suis parfaitement heureux!

GANNIVET, *à sa fille.* Tu vois!...

AGLAÉ, *à part.* Il est heureux!

AIR : *Un homme pour faire un tableau.*
Moi qui croyais à son tourment!
De son chagrin voilà la preuve!

M<sup>me</sup> GANNIVET.

Éveillez-le...

GANNIVET.

Pour l'insolent
Je cherche une vengeance neuve!

BAPTISTIN.

C'est charmant! je quitte le sol!...

AGLAÉ, *à part.*

Son âme est sitôt consolée!...

BAPTISTIN.

Ah! voilà que je prends mon vol!

GANNIVET.

Je vais y joindre une volée!
Ajoutes-y cette volée!...

*Il le saisit et le bouscule. — Baptistin conserve toujours son expression rayonnante.*

Monsieur! Eh! monsieur!...

AGLAÉ. Oh! papa!...

GANNIVET, *de même.* Je vous somme d'interrompre le vôtre... de somme!... (*Il le
laisse retomber.*) Il ne s'éveillerait pas pour dix
écus!... Il le fait exprès!... c'est sans doute
une nouvelle mystification de cet audacieux
homme d'armes!... Laissez-le!... respectez
son repos... je veux aller quérir son oncle,
tout capitaine qu'il est.

M<sup>me</sup> GANNIVET. Gannivet... vous ne monterez pas...

GANNIVET. C'est ce qu'il faudra voir...

M<sup>me</sup> GANNIVET. Il vous arrivera malheur...

GANNIVET. Je suis armé... j'ai ma canne...
et je prétends, en présence même de ce spadassin, la casser sur le dos de son impertinent... de son impudent collatéral!...

Il sort par le fond.

## SCÈNE XIV.

BAPTISTIN, MADAME GANNIVET,
AGLAÉ.

AGLAÉ. Ah! maman... il faut empêcher...

BAPTISTIN, *revenant à lui.* Ah! je redescends... je redescends... je redescends...

M<sup>me</sup> GANNIVET. Il s'éveille!...

AGLAÉ, *avec dépit.* C'est fort heureux!...

BAPTISTIN, *à lui-même.* C'est dommage!...
je faisais un rêve si délicieux!...

AGLAÉ. Oui, c'est vraiment dommage...

BAPTISTIN, *stupéfait.* Mademoiselle!...

M<sup>me</sup> GANNIVET. Mais levez-vous donc,
monsieur!... comptez-vous passer la nuit chez
nous?...

BAPTISTIN, *l'apercevant.* Madame Gannivet!...

M<sup>me</sup> GANNIVET, *sévèrement.* Que faisiez-vous
là, monsieur?... m'expliquerez-vous?...

BAPTISTIN, *encore un peu ahuri.* Oui,

c'est vrai... c'est étrange !... (*Se rappelant
et avec force.*) Ah !... je me souviens...
maintenant... oui... ma douleur... ma résolu-
tion désespérée...

AGLAÉ, *à elle-même.* Il y paraît !...

On entend sonner Gannivet à l'étage au-dessus.

BAPTISTIN. Je venais supplier monsieur
Gannivet... vous aussi, madame, de me sau-
ver la vie en prenant pitié d'un amour...

AGLAÉ, *l'arrêtant.* Monsieur !...

M^me GANNIVET, *regardant sa fille.* Aglaé...
que signifie ?...

AGLAÉ, *avec froideur.* Je ne sais ce que
monsieur veut dire, maman...

BAPTISTIN, *foudroyé.* Quoi ! mademoiselle !...

AGLAÉ. C'est sans doute un nouveau rêve
qu'il fait tout éveillé...

BAPTISTIN, *désespéré.* Qu'entends je !...

AGLAÉ. Si tu m'en crois, maman, tu invi-
teras monsieur à aller se mettre au lit... il
paraît avoir grand besoin de repos... et tu
prieras formellement de renoncer à des pré-
tentions... que je repousse... et à des visites... tout au moins inutiles...

BAPTISTIN, *désespéré.* O ciel !... est-il possible !... mademoiselle !...

Gannivet sonne encore.

M^me GANNIVET, Allez, monsieur... retirez-
vous avant que mon mari rentre... sinon vous
pourriez payer cher votre étrange conduite.

BAPTISTIN. C'est votre dernier mot, madame ?

M^me GANNIVET. Certainement, monsieur.

BAPTISTIN. Et le vôtre aussi, mademoiselle ?

AGLAÉ. Oui, monsieur... mon dernier
mot...

BAPTISTIN, *égaré.* C'est bien !... il suffit,
je sais ce qui me reste à faire...

AIR :

Adieu, madame; adieu, mam'selle;
Je m'en vais... mais avant demain
On vous apprendra la nouvelle
Du trépas de feu Baptistin !
Quand je ne serai plus qu'une ombre,
Et par les temps les plus mauvais,
Je reviendrai d'une voix sombre
Gémir, la nuit, à vos chevets !

REPRISE ENSEMBLE.

Adieu, madame, etc.

AGLAÉ, *à part.*

Je ris de sa ruse nouvelle,
Et je sais bien qu'avant demain
Le cœur léger de l'infidèle
Sera guéri de son chagrin.

M^me GANNIVET.

Craignez une alerte nouvelle;
Si mon mari rentrait soudain!
Sortez, monsieur : point de querelle !
Et bonne nuit jusqu'à demain.

*Il sort à gauche.*

## SCÈNE XV.

### AGLAÉ, MADAME GANNIVET.

M^me GANNIVET, *effrayée.* Mais il est égaré,
ce jeune homme !... il est capable de se...

AGLAÉ. Oh ! n'aie pas peur, maman... il
n'y a pas de danger... Il venait de me faire la
même menace, de jouer le même désespoir,
une minute avant ce sommeil si paisible et ces
rêves si agréables...

M^me GANNIVET. Vraiment?... Ah ça, mais...
il venait donc ici ?... tu l'écoutais ?... tu l'ai-
mais?...

AGLAÉ. Oh ! pardon maman... mais c'est
fini... bien fini... et à présent, si tu veux me
conduire chez ma tante, j'épouserai les yeux
fermés ce monsieur Giraumont... que je n'ai
jamais vu... et que je déteste de tout mon
cœur...

Elle rentre en pleurant dans sa chambre. Gannivet
sonne.

M^me GANNIVET. Aglaé !... (*S'arrêtant, et
à elle-même.*) Oui, oui... il faut absolument
aller chez ma sœur... et conclure au plus tôt
ce mariage... Mais que fait donc là-haut cet
indigne M. Gannivet?... (*Elle va à la porte
du fond et appelle.*) Gannivet... allez-vous
descendre à la fin ?...

GANNIVET, *du haut de l'escalier.* Ne le ré-
veillez pas... je descends... je descends !...

## SCÈNE XVI.

### MADAME GANNIVET, SABATIER, *puis* GANNIVET.

SABATIER, *entrant par la porte de service
et parlant à la cantonade.* Couchez-le sur
la banquette du billard... vous sonnerez pour
m'avertir quand il reprendra ses sens...
(*A lui-même.*) Cette fois, il en a au moins
pour vingt minutes... Quel endiablé !... il faudra donc que je lui attache mon flacon sous
le nez pour l'empêcher de se faire du mal !...

M^me GANNIVET, *criant au fond.* Allons
donc, Gannivet !

GANNIVET, *de l'escalier.* Me voilà, madame !...

On l'entend carillonner à la porte du Capitaine.

SABATIER, *entendant sonner.* Hein ? déjà ?..
Non ! c'est là-haut !...

GANNIVET, *du haut de l'escalier.* Ah !...
on ouvre enfin !... Je descends... (*Au même
instant on entend le bruit d'un corps qui
roule dans l'escalier, et Gannivet crier :*) A
la garde ! ! !

M^me GANNIVET. Grand Dieu !...

SABATIER, *allant vers le fond.* Qui est-ce

qui roule comme ça? (*On voit Gannivet dé-gringoler par la gauche et tomber en de-hors de la porte du fond.*) Gannivet?

Il court à lui et le relève, aidé de Mᵐᵉ Gannivet.

GANNIVET, *boitant.* Ah! je suis éclopé!...

SABATIER. D'où viens-tu?...

GANNIVET. Du haut de cet escalier... le monstre a tenu sa parole...

SABATIER. Qui ça?...

GANNIVET. Le capitaine!...

SABATIER, *à part.* Ah mais, il va très-bien ce capitaine... il va même trop bien!...

GANNIVET. Vingt-trois marches... sans poser le pied... Tu comprends la portée de cette expression... sans poser le pied... (*Se frottant les reins.*) Oh! oh! là!...

SABATIER. As-tu quelque chose de cassé?

GANNIVET. Je ne crois pas... (*Avec fureur.*) Mais j'ai quelque chose à casser sur la tête de son effronté neveu! (*Il donne un grand coup de canne sur le dos du fauteuil où était Baptistin, puis vient regarder dedans.*) Dis-paru?... Qu'est-il devenu?... où a-t-il passé?...

Mᵐᵉ GANNIVET. Ne croyez-vous pas que j'allais le garder là jusqu'à demain?...

SABATIER, *à part.* Ils ont vu le petit!... quel affreux grabuge.

GANNIVET. Vous l'avez fait évader... vous l'avez soustrait à ma juste vengeance!... Il y a connivence... il y a complicité...

Mᵐᵉ GANNIVET. Vous êtes fou...

GANNIVET. Je suis... je suis mieux que ça, je l'appréhende... Mais ça ne se passera pas ainsi... Je me transporte immédiatement chez l'autorité... je vais déposer ma plainte contre l'oncle et contre le neveu... l'un m'accuse d'une Montgobin et me précipite d'un esca-lier... l'autre vient dormir dans mes chaises... il doit y avoir des lois sur ces matières-là!... je les invoque, morbleu! je les invoque...

Mᵐᵉ GANNIVET. Et ma sœur, monsieur, ma sœur...

GANNIVET. Votre sœur fera réchauffer son potage... s'il n'est pas consommé... (*Avec colère.*) Ah! je fais un calembour... j'en suis révolté...

SABATIER. Gannivet... attends un instant... tu es agité... tu boites...

GANNIVET. Tant mieux.

SABATIER. Prends-moi un flacon...

GANNIVET. Laisse-moi tranquille... (*S'at-tendrissant tout à coup et lui prenant la main.*) Ah! Sabatier, je suis le plus malheu-reux des hommes...

SABATIER. Quand je te le disais!...

GANNIVET. Mon ami!... mon bon ami!... tu avais raison... en tout... en tout... en tout...

SABATIER. Eh bien, voilà le vrai moment... prends-moi un flacon!...

GANNIVET, *lui tournant brusquement le dos.* Va-t'en au diable!

ENSEMBLE.

AIR : Vivent les batailles.

Chez le commissaire
Je vais courir à l'instant!
Dans peu je veux faire
Repentir ce capitan!

SABATIER.

Laisse-toi donc faire,
Tu verras dans un instant
L'effet salutaire
De mon divin talisman.

Mᵐᵉ GANNIVET.

Chez le commissaire
Allez! courez à l'instant...
Et dans peu j'espère
Qu'il punira l'insolent.

Il sort en boitant par le fond.

# SCÈNE XVII.

## MADAME GANNIVET, SABATIER, *puis* LE CAPITAINE.

SABATIER, *à lui-même.* Il n'en a pas encore assez!...

Mᵐᵉ GANNIVET. Eh bien, mon pauvre monsieur Sabatier... vous voyez ce qui se passe ici!

SABATIER, *hypocritement.* Ça me con-fond...

Mᵐᵉ GANNIVET. Et vous ne savez pas tout encore!...

SABATIER, *à part.* Je soupçonne le reste...

Mᵐᵉ GANNIVET. Depuis quelques heures tout est bouleversé dans la maison... ma fille pleure dans sa chambre... monsieur Ganni-vet boite... il me soupçonne... il me trahit...

SABATIER, *à part.* Et avec tout ça... ils ne m'achètent pas un seul flacon?...

Mᵐᵉ GANNIVET. Je ne peux vivre ainsi... et si je ne consultais que mon indignation... mais je craindrais d'aller trop loin... conseillez-moi, mon cher monsieur Sabatier... vous qui êtes calme, de sang-froid... désintéressé dans tout ceci... que feriez-vous à ma place?...

SABATIER. Moi, madame!... voulez-vous que je vous dise?... — Si j'avais un époux... et qu'il m'abreuvât, non pas de la moitié... mais de la moitié de la moitié des chagrins dont vous abreuve Gannivet... je ne ferais ni une ni deux... (*Tirant son flacon de sa poche.*) Je respirerais ça...

Mᵐᵉ GANNIVET. Mais qu'est-ce donc enfin que ce flacon dont vous me poursuivez con-tinuellement?...

SABATIER. Gannivet ne vous a pas dit?....

Mᵐᵉ GANNIVET. Du tout...

SABATIER, *s'apprêtant à lui expliquer.* Madame, je vends ceci 7 fr. 50...

Mᵐᵉ GANNIVET, *voyant paraître le Capitaine au fond.* Encore le capitaine !

SABATIER, *à lui-même.* Qu'est-ce qu'il vient faire encore?... qu'est-ce qu'il vient faire?...

## SCÈNE XVIII.

### LES MÊMES, LE CAPITAINE.

LE CAPITAINE, *au fond. Il est en costume de voyage, capote bleue, bonnet d'ordonnance... il porte une petite valise.* Désespéré, madame, de vous importuner derechef de ma visite... M. Gannivet y est-il?

Mᵐᵉ GANNIVET. Non, monsieur.... et je m'étonne, après ce qui vient de se passer....

SABATIER, *intrigué, à part.* Il a sa valise...

LE CAPITAINE, *à madame Gannivet.* Je viens, madame, dans les intentions les plus pacifiques, les plus conciliantes...

SABATIER. Est-ce que vous viendriez lui faire des excuses?

LE CAPITAINE, *furieux.* Des excuses ! monsieur !... des excuses !... moi !...

SABATIER, *effrayé.* Pardon, capitaine.... je... je vous fais les miennes... je croyais...

LE CAPITAINE. En quatre mots, madame, voici : — J'ai jeté, tout à l'heure, monsieur votre mari du haut de l'escalier... j'ai réfléchi que je lui devais satisfaction de ce procédé... et je viens la lui offrir...

Mᵐᵉ GANNIVET, *effrayée.* Quoi, monsieur !...

SABATIER. Une provocation !...

LE CAPITAINE. Monsieur votre mari a-t-il une valise prête ?

SABATIER, *à part.* Est-ce qu'il veut se battre à la valise?...

Mᵐᵉ GANNIVET. Pourquoi faire, monsieur?.. vous m'effrayez...

LE CAPITAINE. Vous ignorez peut-être, madame, que ces sortes d'arrangements sont prohibés sur le territoire français...

Mᵐᵉ GANNIVET. Pardonnez-moi, monsieur, je le sais...

LE CAPITAINE. C'est donc pourquoi, madame, nous prendrons ce soir le convoi de dix heures au chemin de fer du Nord... nous serons au point du jour sur la frontière belge...... et demain soir, lui ou moi, viendrons vous apprendre que tout est parfaitement terminé... j'espère que ce sera moi....

Mᵐᵉ GANNIVET, *très-effrayée.* Monsieur !..

SABATIER, *à part.* Voilà l'explication des valises !... Mais il est enragé !... je ne prévoyais pas ça..... malheureux Gannivet! et c'est moi qui serais cause... (*Haut.*) Capitaine ?...

LE CAPITAINE. Permettez, monsieur...

SABATIER. Permettez vous-même !.. Gannivet ne se battra pas...

LE CAPITAINE. Hein !...

Mᵐᵉ GANNIVET. Non, monsieur... il ne se battra pas... il ne partira pas... et je trouve curieux que vous qui avez tous les torts, vous veniez encore...

LE CAPITAINE. Tous les torts, moi !... vous oubliez, madame, qu'il m'a été affirmé que ma sœur Montgobin....

SABATIER, *bas au Capitaine.* Je n'ai rien affirmé positivement...

Mᵐᵉ GANNIVET, *s'animant.* Eh ! monsieur... si madame votre sœur a reçu les visites de mon mari, c'est qu'elle les a sans doute provoquées par sa coquetterie, par ses inconséquences...

LE CAPITAINE. Plaît-il ?...

SABATIER, *au Capitaine.* Au fait...

Mᵐᵉ GANNIVET. Je connais mon mari, monsieur.... il est incapable.... il n'a jamais séduit personne.... il faut pour séduire être beau, aimable ou spirituel... mon mari n'est rien de tout cela...

SABATIER. C'est positif !...

LE CAPITAINE. J'en conviens, madame....

Mᵐᵉ GANNIVET.

AIR : *L'Ours et le Pacha.*

Il porte perruque, il est sot,
Son caractère est détestable,
Il est tourné comme un magot,
Je le trouve en tout haïssable.
Quand il cause on bâille d'ennui,
Rien n'est plus laid que sa figure...
Rien n'est plus laid que sa tournure !...

SABATIER, *à part.*

C'est pourtant par amour pour lui
Qu'elle fait ainsi sa peinture.

Mᵐᵉ GANNIVET. Si donc il y a eu séduction, ce n'est pas Gannivet qui a pu séduire... c'est lui qui a été séduit...

LE CAPITAINE. Voilà un raisonnement qui me frappe, monsieur Sabatier...

SABATIER, *à part, alarmé.* Diable ! est-ce qu'il voudrait s'en prendre à moi?...

LE CAPITAINE. Il faut absolument que j'éclaircisse ce point obscur.... j'attends donc, plus que jamais, monsieur Gannivet... S'il est criminel, il me doit une réparation... s'il ne l'est pas, c'est moi qui lui en dois une... ainsi, quoi qu'il arrive, nous prendrons ce soir le chemin du Nord... Et il serait bon, madame, de lui préparer sa valise...

Mᵐᵉ GANNIVET. Mais c'est affreux !... c'est abominable !...

SABATIER. Ça me paraît fort !...

M^me GANNIVET, *très-agitée.* Mon cher monsieur Sabatier, courez à sa rencontre... empêchez-le de rentrer...

SABATIER. Oui, madame...

*Il s'élance pour sortir.*

LE CAPITAINE, *le retenant.* Permettez, monsieur...

SABATIER. Capitaine !...

M^me GANNIVET, *défaillant.* Ah ! j'étouffe... je suffoque... je... je me trouve mal !...

LE CAPITAINE, *courant à elle et la soutenant.* Madame.... belle dame.... je suis désolé... je suis désespéré...

SABATIER. Laissez-la, monsieur...

LE CAPITAINE. Il faut appeler du secours...

SABATIER. Oui !... (*Il va pour courir et s'arrête.*) Non : inutile... j'ai mon flacon.... Tenez, madame, respirez ça... respirez ça...

*Il lui tient son flacon sous le nez et la fait asseoir sur le sofa.*

LE CAPITAINE. C'est terrible !...

SABATIER, *le regardant.* Mais, vous-même, capitaine... vous pâlissez...

LE CAPITAINE, *passant la main sur son front.* En effet... je... je ne puis voir une femme évanouie... sans éprouver...

SABATIER. Respirez-moi ça !...

LE CAPITAINE. Non, laissez...

SABATIER. Respirez-moi ça... vous respirerez !... (*Il lui tient son flacon sous le nez. A lui-même.*) Tu respireras !!! c'est un moyen pour nous débarrasser de lui...

LE CAPITAINE. Ah ! c'est particulier !!!

SABATIER, *mettant tour à tour son flacon sous le nez de madame Gannivet et sous celui du Capitaine.* Tenez, madame... tenez, capitaine... allez... allez... allez... et allez donc !...

LE CAPITAINE, *se laissant tomber dans les bras de Sabatier.* C'est particulier !... particulier... particulier...

SABATIER, *soutenant avec peine le Capitaine.* Ça y est !... qu'est-ce que je vais en faire ?... impossible à moi seul de le piloter chez lui... (*On sonne vivement au café.*) — Ah ! mon Dieu !... l'autre qui revient !... et qui va revouloir s'anéantir !... Mais je suis un affreux scélérat ! j'ai tout mis sens dessus dessous dans cette maison... — (*On sonne plus fort. — Criant.*) Voilà !... — (*Le mettant sur le sofa.*) Ah ! là... une demi-minute et je reviens avec son enragé neveu le charrier hors d'ici... avant le retour de Gannivet !... (*S'arrêtant pour les regarder.*) Sont-ils enchantés ! sont-ils enchantés ! (*On sonne plus fort que jamais.*) — On y va ! saprrrelotte !... Pourvu que j'arrive à temps !...

*Musique à l'orchestre. Il sort par la porte de service.*



## SCÈNE XIX.

LE CAPITAINE *et* M^me GANNIVET, *sur le sofa ;* GANNIVET.

Le Capitaine et M^me Gannivet, tous deux assis sur le sofa, sont plongés dans un ravissement extatique ; leurs traits sont rayonnants.

LE CAPITAINE, *dans son extase.* Oh !... comme je monte !... comme je monte !...

M^me GANNIVET, *de même.* Quelle musique ravissante !...

GANNIVET, *entrant.* Pas le plus léger vestige de commissaire... — les bureaux sont clos... — je m'en plaindrai au gouvernement... En attendant, comme nous n'avons plus rien à faire chez ma belle-sœur, par suite de la rencontre que je viens de faire du père Giraumont, je vais me mettre en garde contre les invasions de cette odieuse famille Montgobin.

*Il s'apprête à fermer la porte du fond.*

LE CAPITAINE, *en extase.* Je monte encore... toujours... toujours...

GANNIVET. Hein !!!

M^me GANNIVET. Quel concert délicieux !!!

GANNIVET, *accourant, les voit, recule et pousse un grand cri.* Ah !!!... — Endormis tous deux sur le même élastique... (*Il trébuche sur la valise qui est à terre.*) Et une valise !... il voulait enlever ma femme !... meurtre ! séduction et rapt !!! (*Il pousse un cri encore plus fort.*) Ah !!!



## SCÈNE XX.

### LES MÊMES, AGLAÉ.

AGLAÉ, *accourant.* Qui est-ce qui crie ainsi ?...

GANNIVET, *hors de lui.* Retirez-vous, ma fille !... vous ne devez pas voir...

AGLAÉ, *qui s'est approchée.* Ah ! mon Dieu !...

GANNIVET. Rien !... ce n'est rien !... une plaisanterie... c'est très-drôle !... (*S'efforçant de rire.*) Ah ! ah ! ah ! ah !... — (*Sérieux tout à coup.*) — Retirez-vous, ma fille...

LE CAPITAINE, *toujours rêvant, riant.* Ah ! ah ! ah ! ah !... c'est particulier... je m'assieds sur la lune...

GANNIVET. Sur la lune !!!

M^me GANNIVET, *de même.* J'entends des instruments inconnus !...

GANNIVET. Inconnus !!!...

AGLAÉ. Mais, mon papa, c'est le même sommeil que monsieur Baptistin...

GANNIVET, *furieux.* Tu as raison !... c'est ma foi, vrai !... le même sommeil !... le sommeil des Montgobin !... (*Saisissant la valise et en donnant des coups au Capitaine.*) Ah ! brigand !... ah ! misérable ! ah ! scélérat !...

AGLAÉ, *effrayée.* Mon père!...

GANNIVET, *d'un ton gai.* C'est pour rire! (*Sérieux.*) Retirez-vous, ma fille!... ( *Le bourrant de coups de poing.*) Mais c'est magique!... mais c'est fantastique!... c'est le comble le plus culminant!!! — (*Secouant sa femme.*) Madame Gannivet!... (*Bousculant le Capitaine.*) Fantassin Piffard!!! (*A sa fille.*) C'est excessivement drôle!... (*A lui-même, furieux.*) Mais j'ai le droit de les pulvériser tous deux!!!

Mᵐᵉ GANNIVET, *revenant à elle, se voit assise auprès du Capitaine et se lève vivement en jetant un cri.* Ah!... (*Apercevant Gannivet et se jetant à son cou.*) Ah! Gannivet!... mon ami!... tu n'es pas blessé?...

GANNIVET, *froidement.* Avez-vous bien dormi, madame?...

Mᵐᵉ GANNIVET. Dormi?.., — mais ce capitaine qui voulait t'emmener en Belgique... se battre avec toi...

LE CAPITAINE, *achevant son rêve en riant et dont le rire passe graduellement à la plus grande stupéfaction à mesure qu'il reprend ses sens.* Ah! ah! ah!... — ah!!! — ah!!! mon Dieu, où suis-je?

GANNIVET. Sur mon divan, grenadier Piffard.

LE CAPITAINE. Je reviens de très-haut...

GANNIVET. Vous revenez de la lune... avec votre valise... — (*Furieux.*) Et je vais tâcher de vous y renvoyer incontinent par cette fenêtre...

*Il s'élance vers la fenêtre pour l'ouvrir.*

Mᵐᵉ GANNIVET, *se jetant au devant de lui.* Gannivet!...

AGLAÉ, *de même.* Mon papa!...

GANNIVET. Pour la soixante et quinzième fois... (*D'un ton bref.*) Retirez-vous, ma fille!... — nous nous amusons!...

*Aglaé se retire au fond, mais sans sortir. Gannivet s'élance sur le Capitaine et le saisit au collet.*

LE CAPITAINE, *l'écartant de la main.* Doucement, monsieur, doucement!... tout ceci n'est pas clair!...

GANNIVET. Ça me crève les yeux!...

LE CAPITAINE. Je tiens primitivement à m'expliquer avec ce sieur Sabatier... et avec ce flacon ensorcelé qu'il a fait respirer à madame et à moi...

Mᵐᵉ GANNIVET. En effet!...

GANNIVET, *frappé.* Son flacon de 7 fr. 50.

LE CAPITAINE. Qui! qui m'a plongé dans cet assoupissement ridicule et intempestif!...

Mᵐᵉ GANNIVET. Moi aussi!...

GANNIVET. Attendez!... un affreux soupçon me frappe... J'entrevois la clef de ce salmigondis effrayant. (*Il lui saisit vivement le poignet.*) Capitaine!...

LE CAPITAINE, *se dégageant et se mettant en défense.* Monsieur...

GANNIVET. Non, je ne veux rien vous faire pour le moment. — Répondez-moi. — Sabatier a voulu vous vendre ses flacons consolateurs...

LE CAPITAINE. Et j'ai refusé...

GANNIVET. Sous prétexte que vous n'aviez aucun chagrin...

LE CAPITAINE. C'est exact...

GANNIVET. Comme moi... il vous a dit alors que vous étiez exposé à en avoir... que j'étais capable de courtiser madame Montgobin.

LE CAPITAINE. Pendant ma partie de piquet.

GANNIVET. Comme moi. Il m'a donné d'affreux soupçons sur vous...

LE CAPITAINE, *indigné.* Sur moi!

Mᵐᵉ GANNIVET, *de même.* Est-il possible!...

GANNIVET. Je te crois provisoirement, Angélique!

LE CAPITAINE. Certainement, madame est charmante, elle a tout ce qu'il faut pour plaire... je serais flatté d'être distingué par elle et d'occuper une place dans son cœur...

Mᵐᵉ GANNIVET, *baissant les yeux.* Monsieur...

GANNIVET, *avec sincérité.* Vous êtes bien bon! vous êtes bien bon...

LE CAPITAINE. Mais jamais!!!

GANNIVET. Je vous crois provisoirement, capitaine... (*Avec un soupçon subit et marqué.*) Mais, mais, mais...

AIR:

Mais alors que veniez vous faire,
Monsieur, tout à l'heure chez moi,
Quand j'allais chez le commissaire
Contre vous invoquer la loi?

LE CAPITAINE.

Avec vous je venais me battre.

GANNIVET.

Quoi! vous ne veniez que pour ça?

LE CAPITAINE.

Je voulais vous couper en quatre.

GANNIVET.

Quoi! pas plus!

LE CAPITAINE.

D'honneur!

GANNIVET.

Touchez là!

Cher capitaine, touchez là.

LE CAPITAINE.

*Même air.*

Mais vous, monsieur, à ma demeure
Pourquoi donc êtes-vous monté,
Lorsque je vous sautou à l'heure
Du haut en bas précipité?

GANNIVET.

Je voulais, en votre présence,
Briser la canne que voilà
Sur votre neveu...

LE CAPITAINE.

Quelle offense

Vous a-t-il faite?

GANNIVET, *montrant le fauteuil.*

Il dormait là.

GANNIVET. Encore le flacon Sabatier, je n'en doute plus...

LE CAPITAINE. Vous ne montiez que pour ça?...

GANNIVET. Parole d'honneur...

LE CAPITAINE.

*Suite de l'air.*

Mon cher voisin, touchez donc là.

*Ils se serrent la main.*

M^me GANNIVET. Mais ce M. Sabatier est un homme atroce...

LE CAPITAINE. Passez-moi le mot, madame, c'est un polisson...

GANNIVET. C'est un diffamateur!...

SABATIER, *en dehors.* C'est convenu... vous vous la brûlerez, mais venez d'abord m'aider à emporter votre oncle...

TOUS. Le voici!!!

## SCÈNE XXI.

LES MÊMES, SABATIER, BAPTISTIN.

Baptistin apercevant Aglaé court à elle. Aglaé semble lui expliquer ce qui vient de se passer et accuser Sabatier.

GANNIVET, *allant au devant de lui.* Arrive un peu ici, toi...

SABATIER, *sans voir le Capitaine.* Ah! mon Dieu! il est rentré!... — Ne fais pas attention... c'est moi qui l'ai entreposé là... nous allons l'emporter...

LE CAPITAINE, *se montrant.* Monsieur Sabatier!...

SABATIER, *à lui-même.* Je suis compromis!...

GANNIVET, *le saisissant au collet.* Mais vient donc ici, scélérat...

LE CAPITAINE. Vieux drôle!

BAPTISTIN. Intrigant...

SABATIER, *à part.* Ils se sont expliqués... ils savent tout... (*Haut.*) Eh bien, oui... eh bien, oui, là! c'est moi... mais c'était pour votre bonheur...

LE CAPITAINE. Pour mon bonheur, monsieur... que vous m'exposiez à couper en quatre ce parfait honnête homme...

GANNIVET, *lui serrant la main.* ... Qui vous offre son estime, son amitié... et de plus... et de plus... Giraumont fils...

LE CAPITAINE, *étonné, l'interrompant.* Giraumont?...

GANNIVET, *continuant.* ... N'étant plus disponible, par suite du mariage qu'il a contracté à Londres avec une repasseuse...

TOUS, *étonnés.* Ah???

GANNIVET, *au capitaine.* ... Je vous offre ma fille pour votre neveu Montgobin...

*Le capitaine lui serre la main.*

BAPTISTIN. Ah monsieur!...

AGLAÉ. Mon papa!...

SABATIER, *à Gannivet.* Eh bien! tu vois...

GANNIVET, *furieux, repoussant Sabatier.* Que tu m'as fait précipiter d'un escalier...

BAPTISTIN. Que vous avez manqué me faire brûler la cervelle...

LE CAPITAINE. Vous êtes un... p...olisson!...

GANNIVET. Un gredin!...

BAPTISTIN. Un gueux!...

M^me GANNIVET *et* AGLAÉ. Oui... c'est abominable!...

SABATIER, *éclatant.* Ah! mais... je suis abîmé... je suis insulté... vilipendé... con-pué... je suis le plus heureux des hommes... je vais me consoler à l'instant même!... (*Il croit tirer son flacon de sa poche et en tire un cruchon de bière.*) Un cruchon!... je suis mystifié!... c'est en bas au café qu'ils ont commis ce truc...

TOUS, *riant.* Ah! ah! ah!...

GANNIVET. Capitaine, nous avons ri... soyons désarmés...

LE CAPITAINE, *bas.* Du tout, monsieur... (*A Gannivet et à Baptistin.*) Il faut le provoquer...

GANNIVET, *effrayé.* Vous croyez?...

BAPTISTIN. Oui, mon oncle. (*Bas à Sabatier.*) Demain, à sept heures, à Vincennes...

SABATIER. J'y serai!...

LE CAPITAINE, *bas.* Demain, sept heures, frontière belge...

SABATIER. J'y serai!...

GANNIVET, *après avoir hésité, sur un coup d'œil du Capitaine, bas.* Demain, sept heures, sur la butte Montmartre...

SABATIER, *d'un air brave.* J'y serai!...

GANNIVET, *à part.* Je n'irai pas!...

SABATIER, *à part.* Ce soir... avec mes flacons... je pars pour Bordeaux... (Gironde.) C'est égal... il y a un mariage ici... je reviendrai l'année prochaine.

GANNIVET.

AIR: *Final de Renaudin de Caen.*

Ici, voulant nous rendre heureux,
Et pour placer sa marchandise,
Ce trafiquant que je méprise
Vient de faire un grabuge affreux!

BAPTISTIN.

Mais c'était le plaisant côté
D'une découverte sublime !
Honneur au savant qui supprime
Les douleurs de l'humanité !

LE CAPITAINE.

Oui, vers le progrès nous marchons,
Puisque l'on peut, divin problème !
Mettre en bocal le bonheur même...
Comme on y met les... cornichons !

Mᵐᵉ GANNIVET.

De ces flacons à juste prix
Les femmes qui feront usage
Pourront toutes, dans leur ménage,

Par le nez mener leurs maris.

SABATIER.

Si quelque spectateur chagrin
N'a trouvé qu'ennui dans la pièce,
Qu'il laisse en sortant son adresse,
Il aura ma fiole demain.

AGLAÉ.

Bref ! messieurs, épargnez l'auteur,
Et ne le forcez pas, de grâce,
D'avoir recours dans sa disgrâce
A son flacon consolateur !

ENSEMBLE.

Oui, messieurs, épargnez, etc.

**FIN.**